自分ツッコミくま
激ムズ
まちがいさがし
ナガノ
JN134056
日本文芸社

内容紹介

SNSやグッズで大人気の「自分ツッコミくま」のイラストが
まちがいさがしになりました！

この本のまちがいさがしは、
初級、中級はなくて、いきなり上級！
え？ じ〜っくりみても、みつからない？

そう！ ゆるくてかわいい
自分ツッコミくまのやさしいまちがいさがし……
にみせかけた超難問のまちがいさがしです。
簡単そうにみえるからと油断して取り組むと沼にはまることに！

そんなときはページの下にあるヒントを読んで
もっとじ〜〜〜っくりみてください。

みつかったときには心はスッキリ、頭も活性化！

ゆるかわいい「自分ツッコミくま」の世界にいやされながら
ぜひ頭をフル回転させてくださいね。

本書の使い方

1 レベル

上級、極、極限、超極限の4つのレベルがあるよ。さいごまで、ぜんぶクリアできるかな？？

2 まちがいの数

左と右の絵の、まちがいの数が書いてあるよ。どれも集中してしばらく眺めていないとわからないものばかり！

上級 食べもの 1

3つのまちがいをさがせ！

あつあつジューシー！サーロインステーキ

あつあつの鉄板に肉汁がいっぱい！
つけあわせの野菜も忘れずにね！
左と右の絵の3つのちがいをみつけてみよう！

こたえは60ページ

3 自分ツッコミくまのイラスト

食べもの、お出かけ、年中行事など、レベルごとにテーマが変わるよ。どれもゆるくてかわいいので、みているだけでいやされるはず！

4 ヒント

まちがいをみつけるヒントが書いてあるよ。どうしてもみつからなかったときにたよろう！

こんな使い方もできるよ！

ヒントをみないでひとりでじっくり

家族や友達といっしょに

お店や病院の待ち時間に

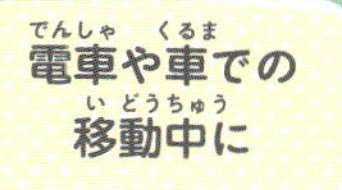

電車や車での移動中に

みつけられた個数やタイムでバトル！

ゆるくてかわいいイラストにいやされたいときに

もくじ

Chapter 1

上級（じょうきゅう）

食（た）べもの

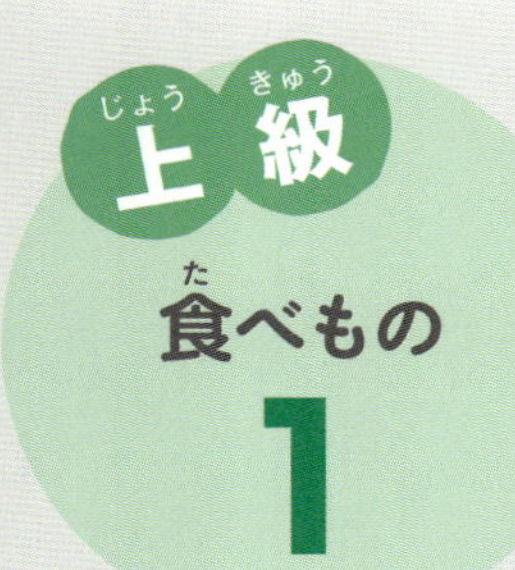

3つのまちがいをさがせ！

あつあつジューシー！サーロインステーキ

あつあつの鉄板に肉汁がいっぱい！

つけあわせの野菜も忘れずにね！

左と右の絵の３つのちがいをみつけてみよう！

ヒント❶ 鉄板がジュージューいっているね
ヒント❷ お肉の焼きぐあいはどうかな？
ヒント❸ お肉の上のバターがとろけているね

こたえは
60ページ

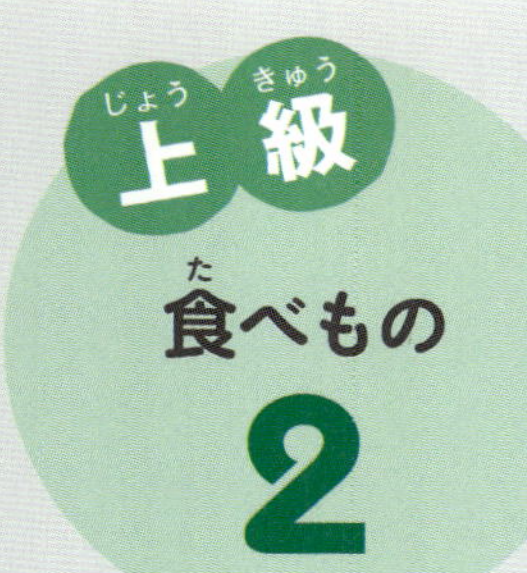

3つのまちがいをさがせ！

ごはんと二刀流！大もりラーメン

めん！チャーシュー！たまご！

目標（もくひょう）はおかわり10杯（ぱい）だよ。

左（ひだり）と右（みぎ）の絵（え）の3つのちがいをみつけてみよう！

ヒント1 水分（すいぶん）ほきゅうも忘（わす）れずにね

ヒント2 山（やま）もりごはんは重（おも）たいなぁ

ヒント3 やっぱり二刀流（にとうりゅう）ってかっこいいよね

こたえは
60ページ

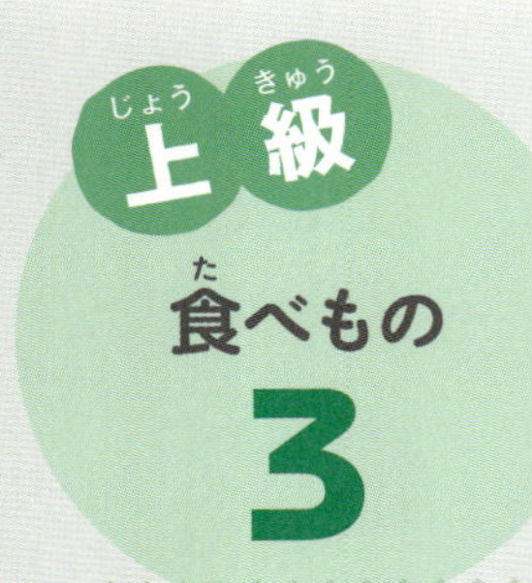

3つのまちがいをさがせ！

からだぽかぽか！具だくさんおなべ

ぐつぐつおいしいおなべのできあがり！

いっぱい食べてあったまろう〜！

左と右の絵の３つのちがいをみつけてみよう！

ヒント❶ ぐつぐつぐつぐつ、いい音だね

ヒント❷ よりおいしくするひけつは、ちゃんとあくをとることだよ

ヒント❸ 大きいしいたけがおいしそうだね

こたえは
60ページ

3つのまちがいをさがせ！

お口がすっきり フレッシュフルーツ

フルーツには栄養(えいよう)がいっぱい！

みんなはどのフルーツがすき？

左(ひだり)と右(みぎ)の絵(え)の３つのちがいをみつけてみよう！

ヒント❶ すいかのタネはそとに飛(と)ばしちゃダメだよ！
ヒント❷ くりくりお目(め)めがとってもキュート！
ヒント❸ いちごのかぶりものがかわいいね

こたえは
60ページ

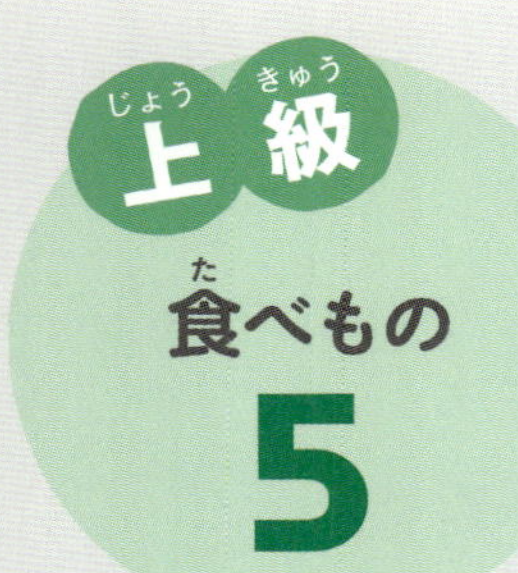

3つのまちがいをさがせ！

お茶といっしょに！もちもちわがし

もちもち、びよよ〜ん！

あせらず、よーくかんで食べようね！

左と右の絵の3つのちがいをみつけてみよう！

ヒント❶ いちごだいふくは、いちごがメイン！
ヒント❷ だいふくのこなで服をよごさないようにね
ヒント❸ 水まんじゅうがずれないようにお手でささえよう！

こたえは
60ページ

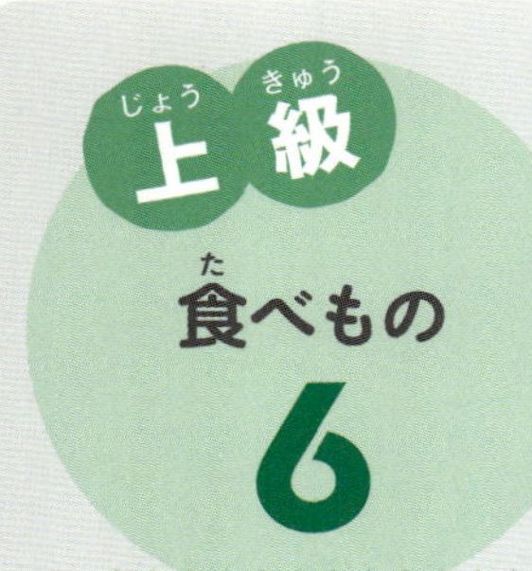

3つのまちがいをさがせ!

食べてハッピー! わがままスイーツ

ケーキもチョコもよくばろう！

おいしいスイーツを食(た)べたらおひるねだー。

左(ひだり)と右(みぎ)の絵(え)の3つのちがいをみつけてみよう！

ヒント1 ぼうしをかぶっているね。お誕生日(たんじょうび)かな？

ヒント2 いちごたっぷりのショートケーキがおいしそうだね

ヒント3 みんなでチョコの上(うえ)でゆったりくつろごう

こたえは 60ページ

Column 1

ちがうのど〜れだ？

ジャンクフード LOVE（ラブ）！！

下（した）の絵（え）に１つのまちがいイラストがあるよ！

ヒント ハンバーガーおいしそうだね

こたえは 63ページ

Chapter 2

極(きわみ)お出(で)かけ

3つのまちがいをさがせ！

にじがみれて ラッキー！ おさんぽ

今日はぜっこうのおさんぽびより！

ついでにおいしいものも食べにいこうかな。

左と右の絵の３つのちがいをみつけてみよう！

ヒント❶ もぐコロたちもいっしょにおさんぽだ
ヒント❷ きれいなお花もさいているよ
ヒント❸ いい天気すぎてテンションが上がっちゃうね！

こたえは61ページ

3つのまちがいをさがせ！

緑がたくさん！公園

ブランコ、すべり台、砂遊び！

まずはなにで遊ぼうかな〜。

左と右の絵の３つのちがいをみつけてみよう！

ヒント❶ くまが手にもっているものはなにかな？
ヒント❷ すべり台の上にのぼってみるとなにかわかるかも？
ヒント❸ もぐらコロッケが砂場で遊んでいるね

こたえは
61ページ

3つのまちがいをさがせ！

いったん休けい おしゃれカフェ

おしゃれなカフェみ〜つけた！

たくさん歩(ある)いたからいったん休(やす)もう。

左(ひだり)と右(みぎ)の絵(え)の３つのちがいをみつけてみよう！

ヒント１ かんばんの文字(もじ)はなんて読(よ)むのかな？

ヒント２ お買(か)いものをしたらバッグにいれよう！

ヒント３ グッテイストなお店(みせ)だったみたいだね！

こたえは
61ページ

3つのまちがいをさがせ！

みんなで歌おう！コンサート

今日はもぐらコロッケたちの晴れぶたい！

歌っておどって、お客さんで大にぎわいだよ！

左と右の絵の３つのちがいをみつけてみよう！

ヒント① ぶたいの上のほうにちゅうもくしてみよう！

ヒント② にじのかざりがきれいだね

ヒント③ ギターをひいているもぐらコロッケは、なにになすわっているのかな？

こたえは
61ページ

3つのまちがいをさがせ!

アートの楽しさ わかるかな? 美術館

ふしぎで楽しいアートの世界へようこそ！

絵やオブジェ、どれも一級品！

左と右の絵の３つのちがいをみつけてみよう！

ヒント1 館内では大きな声でしゃべっちゃダメだよ
ヒント2 オブジェをいろんな角度からみてみるとなにかわかるかも！
ヒント3 かざられている絵にもちゅうもくしてみよう！

こたえは61ページ

3つのまちがいをさがせ！

風がきもちいい！ドライブ

安全運転でいざしゅっぱつ！

どこか遠出でもしようかな～。

左と右の絵の３つのちがいをみつけてみよう！

ヒント❶ サイクリングも楽しいね
ヒント❷ おくのビルにもちゅうもくしてみよう！
ヒント❸ てまえの芝生の緑がきれいだね

こたえは 61ページ

3つのまちがいをさがせ!

空気(くうき)がおいしい山(やま)のぼり

この山を越えたら、どんな景色がみえるのかな？

あせらずゆっくりのぼっていこう！

左と右の絵の３つのちがいをみつけてみよう！

ヒント1 人生山あり谷ありだけど、ぜんぶ楽しもう！

ヒント2 山の日ざしは強いからしっかりぼうしをかぶろうね！

ヒント3 もぐコロたちもおうえんしているよ！

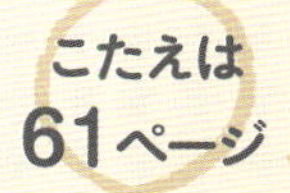

こたえは
61ページ

3つのまちがいをさがせ！

真夏のリゾート気分 海水浴

太陽さんさん！たくさん水遊びしよう！

日焼けにもちゅういしようね。

左と右の絵の３つのちがいをみつけてみよう！

ヒント❶ 空にかもめが飛んでいるね
ヒント❷ 日焼け防止にはサングラスをかけようね
ヒント❸ 浜辺にもぐらコロッケがすわっているね

こたえは61ページ

3つのまちがいをさがせ!

乗りものたくさん!遊園地

ドキドキわくわくアトラクション！

時間を忘れて楽しもう！

左と右の絵の３つのちがいをみつけてみよう！

ヒント❶ 入り口で、もぐコロたちがおどっているね
ヒント❷ 絶叫ものは得意かな？
ヒント❸ まだまだ遊びたいけど、いま何時かな？

こたえは
62ページ

Column 2

ちがうのど～れだ？

今日もたくさん遊んだから、もうねよう。

下の絵に１つのまちがいイラストがあるよ！

ヒント ソフトなパン粉のベッドでぐっすりねむろう

こたえは
63ページ

Chapter 3

極限年中行事

3つのまちがいをさがせ！

お天気ぽかぽか春の旬めぐり

お花、タケノコ、春キャベツ！

春の幸を思うぞんぶん楽しもう！

左と右の絵の３つのちがいをみつけてみよう！

ヒント1 みんなは何色のお花がすき？

ヒント2 つやつやで新鮮な春キャベツだね

ヒント3 春が旬の食べものといえばタケノコだ！

こたえは
62ページ

3つのまちがいをさがせ！

思い出つくろう！夏まつり

ゆかたを着ていっしょにおどろう！

ドンドンドン！たいこの音が聞こえてくるよ。

左と右の絵の３つのちがいをみつけてみよう！

ヒント❶ よい子は手で打ち上げちゃダメだよ
ヒント❷ はりきりすぎて、ゆかたがぬげちゃう！
ヒント❸ 暑くなったらうちわで涼もう

こたえは 62ページ

3つのまちがいをさがせ！

秋のふうぶつし！もみじがり

真っ赤なもみじのじゅうたん！

歩きやすいくつでお出かけしよう。

左と右の絵の３つのちがいをみつけてみよう！

ヒント1 きゃぴぴ〜、きれいな景色にテンションMAX！

ヒント2 反対からみてみるとなにかわかるかも！

ヒント3 舞っているもみじにちゅうもくしてみよう

こたえは
62ページ

3つのまちがいをさがせ!

おかしをもらおう!
ハロウィン

トリックオアトリート！

みんなはどんな仮装をする？

左と右の絵の３つのちがいをみつけてみよう！

ヒント1 絵をはなれてみるとわかるかも！

ヒント2 どこが顔だかわかるかな？

ヒント3 かぼちゃの表情にちゅうもくしてみよう

こたえは 62ページ

3つのまちがいをさがせ!

まちにまったクリスマス

ジングルベル♪ジングルベル♪

はやくサンタさんこないかな。

左と右の絵の３つのちがいをみつけてみよう！

ヒント① 手にもっている鈴がかがやいているね
ヒント② クリスマスツリーにはなにがついているかな？
ヒント③ 年に一度のクリスマス、全力で楽しもう

こたえは62ページ

3つのまちがいをさがせ！

新年のごあいさつ お正月

あけましておめでとう！

今年はどんな一年になるのかな？

左と右の絵の３つのちがいをみつけてみよう！

ヒント❶ 初夢で富士山みられるといいね
ヒント❷ 新年のあいさつはきちんとしたかっこうで！
ヒント❸ 上のほうにもちゅうもくしてみよう！

こたえは 62ページ

3つのまちがいをさがせ！

ドキドキがとまらない！バレンタイン

今年は何個もらえるかな～？

みんなでチョコのこうかん、楽しいね！

左と右の絵の３つのちがいをみつけてみよう！

ヒント❶ チョコでお手てがよごれちゃった！

ヒント❷ マシュマロはハートのフォークで食べるといいよ

ヒント❸ バナナもおいしそうだね

こたえは
62ページ

Column 3

ちがうのど～れだ？

幸運のお守りをもって超極限に挑戦だ！

下の絵に１つのまちがいイラストがあるよ！

ヒント 顔の位置にちゅうもくしてみよう

こたえは 63ページ

Chapter 4

超極限 自分ツッコミくまがたくさん！

自分ツッコミくまが
たくさん！
1

1つのまちがいをさがせ！

自分ツッコミくまが大集合！

みつけられたら IQ120 以上(いじょう)!?

超極限(ちょうきょくげん)はひとあじちがうぞ～

左(ひだり)と右(みぎ)の絵(え)の1つのちがいをみつけてみよう！

ヒント ここまでくるとヒントはないよ！

こたえは 63ページ

自分ツッコミくまがたくさん！

2

1つのまちがいをさがせ！

自分ツッコミくまがぎゅうぎゅうづめ！

これをみつけて、まちがいさがしマスターになろう！

さいごのさいごに超超超(ちょうちょうちょう)むずかしいもんだいだよ～

左(ひだり)と右(みぎ)の絵(え)の１つのちがいをみつけてみよう！

ヒント まちがいさがしマスターまで、あとすこし！がんばって！

こたえは63ページ

こたえあわせ

お疲れさま

まちがいは何個
みつかったかな？
数えてみよう！

1

1 「ュ」がぬけている
2 バターが小さくなっている
3 ステーキの焼き目が増えている

2

1 「刀」が「力」になっている
2 手の位置が下にある
3 水が増えている

3

1 ぐの「゛」の間隔が広い
2 あく（白い点）が増えている
3 しいたけの切れ目の傾き

4

1 すいかのタネが上下逆になっている
2 目の距離がせまくなっている
3 いちごの粒が増えている

5

1 いちごが大きくなっている
2 胸のマークが変わっている
3 手が左右反転している

6

1 いちごの赤い面積が増えている
2 ぼうしの先が伸びている
3 足が開いている

Chapter
2

極

お出かけ

1

1. ほっぺが左右逆になっている
2. 花の真ん中の丸が大きくなっている
3. 口が上下逆になっている

2

1. すべり台の上の棒が1本左にずれている
2. けん玉のひもが左右逆になっている
3. 足が1つ増えている

3

1. ふきだしの角が1つ増えている
2. FがEになっている
3. かばんが大きくなっている

4

1. にじの黄色と緑がいれかわっている
2. ぶたいの幕の重なりが逆になっている
3. 木目の位置が上がっている

5

1. オブジェの影が消えている
2. 絵の中の塔が伸びている
3. ×の傾き

6

1. ビルの高さ
2. 車輪の部品が1つ減っている
3. 色が逆になっている

7

1. 黒い点が1つ増えている
2. ぼうしの幅が広くなっている
3. 旗の長さ

8

1. かもめの傾き
2. 反射の光が増えている
3. ティッシュの幅がせまくなっている

1 0が8になっている
2 ジェットコースターが1台増えている
3 記号が変わっている

Chapter 3 極限 年中行事

1 花の位置が下がっている
2 キャベツの光が上下逆になっている
3 大きくなっている

1 黒い線が1本追加されている
2 手の位置が下がっている
3 帯が太くなっている

1「ぴ」が「び」になっている
2 手の角度が変わっている
3 もみじの傾き

1 フチの線が左にずれている
2 口が左右反転している
3 かぼちゃの鼻が上下逆になっている

1 星が右に90°回転している
2「力」が「刀」になっている
3 鈴の光が大きくなっている

1 雪（白い面積）が増えている
2 羽織ひもが上がっている
3 もようが長くなっている

1 チョコの面積が小さくなっている
2 バナナの粒の傾き
3 フォークの先の長さが変わっている